だれもが「本を読める」社会へ

読書バリアフリー

監修 白坂 洋一
(筑波大学附属小学校教諭)

① 点字図書、大活字本、布の絵本 ほか

汐文社

もくじ

だれもが「本を読める」社会へ 読書バリアフリー

本が読みにくいという人がいる
「プリント・ディスアビリティ」とは? 4

目が不自由（視覚障害）／アーレンシンドローム／色覚多様性／発達障害、ディスレクシア／体が不自由（身体障害）／外国にルーツがある人／お年より、子ども

読書バリアフリー法とは? 8

「本の飢餓」の解消をめざして／マラケシュ条約と読書バリアフリー法／読書バリアフリー法が求めていること

いろいろなバリアフリー図書①
点字図書・点字絵本 10

点字ってなに?／絵本を点字であらわす／いろいろな点字図書／点字図書のできるまで／ 制作者に聞いてみよう 佐久間 朋さん

いろいろなバリアフリー図書②
大活字本 16

大活字本ってなに?／大活字本の歴史／ 制作者に聞いてみよう 小玉 瞭平さん／つくり方でちがう大活字本／ 制作者に聞いてみよう 大林 哲也さん

1 点字図書、大活字本、布の絵本 ほか

いろいろなバリアフリー図書③
布の絵本 …………………………… 22
布の絵本ってなに？／布の絵本の歴史／制作者に聞いてみよう　松村 治美さん／
布の絵本はどうやってつくるの？

インタビュー
目の不自由な人と読書 …………………………… 28
幼いころから点字で読書 今は音声での読書に夢中　西田 梓さん／
文字が苦手な人も情報の入手に困らないために　國宗 陽介さん

さくいん　31

※本書の内容は原稿執筆時点で入手した情報にもとづいて編集されたもので、掲載されている書籍・製品・サービスなどは、予告なく絶版・内容変更・終了する場合があります。

本が読みにくいという人がいる

「プリント・ディスアビリティ」とは？

さまざまな理由で、紙の印刷物（本など）を読むことが困難である障害のことを「プリント・ディスアビリティ」といいます。
「印刷物を読むことが困難」と聞くと、視覚障害者（目が不自由な人）を思いうかべる人が多いと思いますが、実際には視覚障害者以外にもさまざまな人がいます。

目が不自由（視覚障害）

「本が読みにくい」と聞いて思いうかぶのが、視覚障害でしょう。ひと口に「視覚障害」といっても、下の表のように、さまざまな種類があります。生まれながらにして障害がある人だけでなく、けがや病気が原因で障害がある状態になった人もいます。

◆ 視覚障害の例

全盲	光をまったく感じることができない状態
弱視	全盲ではないが視力がとても低く、めがねなどを使っても十分な視力が得られない状態
視野障害	視野がせまい、視野の半分くらいが見えない、視野の一部が見えないなどの状態
複視	ものがだぶって見える状態
羞明	強い光をうけたときに、目に痛みなどを感じる状態

※全盲以外は「ロービジョン」とよぶこともあります。

アーレンシンドローム

「アーレンシンドローム」は、光に対してとても敏感であるために起こる障害で、左ページの「羞明」と関連があります。

光を異常にまぶしく感じたり、目がつかれやすくて気分が悪くなったりします。また、文字が下の図のように見えて、本を読んでも、文字を目で追うことができなくなることもあります。

◆ アーレンシンドロームがある人の文字の見え方の例　　　　　　※見え方には個人差があります。

文字の一部が消える

あいうえおかきくけこ
さしすせそたちつてと

文字がだぶる

あいうえおかきくけこ
さしすせそたちつてと

文字がぼやける

あいうえおかきくけこ
さしすせそたちつてと

文字の一部がくっついて空白ができる

あい　うえおかき　くけた
さしす　せそたちつ　てと

文字が重なる

あいうえおかきくけた
さしすせそたちつてと

文字が動く

あいうえおかきくけこ
さしすせそたちつてと

文字が回転する

あいうえおかさくけこ
さしすせそたちつてと

文字がゆれる

あいうえおかきくけこ
さしすせそたちつてと

色覚多様性

　生まれながらにして、色を見分けることがむずかしいこと、ほかの人と色の見え方がちがうことを「色覚多様性」といいます。人によって、赤系の色が見分けにくい、青系の色が見分けにくい、みどり系の色が見分けにくいといった特徴があります。

◆ 色覚多様性の人の見え方の例

※見え方には個人差があります。

一般的な色の見え方

赤が見分けにくい人

みどりが見分けにくい人

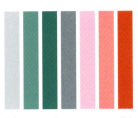
青が見分けにくい人

発達障害、ディスレクシア

　脳機能の発達に関係して、落ちつきがない、対人関係がうまくきずけない、こだわりが強いといった個性があることを「発達障害」といいます。
　また、発達障害の人の中には、文字の読み書きに困難をかかえる人がいます。そのようなタイプを「ディスレクシア」といいます。

◆ ディスレクシアのある人の特徴（例）

同じところを
何度も読んでしまう

小さい「や・ゆ・よ」や
「を・お」などをまちがえやすい

単語を区切って
理解できない

文字がゆがんだり、ぼやけたり、
逆さになったりして見える
（アーレンシンドロームに似た状態）

体が不自由（身体障害）

目が不自由な人でなくても、手が不自由で本がもてない、ページがうまくめくれない人や、脳性まひや眼瞼下垂（まぶたが開きづらい）などが原因で体を思うように動かせない、目線を文字に合わせられない人なども、プリント・ディスアビリティのある人にふくまれます。

外国にルーツがある人

日本に来た外国人をはじめ、親が外国人であるといった外国にルーツがある人など、母語（人が生まれて最初に習得する言語）が日本語でない人は増えています。そのような人たちにとって、日本語で書かれた本を読むのはかんたんではありません。

お年より、子ども

人は年を取ると、障害とまではいかなくとも、目が見えにくくなったり、手指をうまく動かせなくなったりします。そうして、だんだんと本を読むのがむずかしくなります。

また、文字が読めない、手指をうまく動かせないといった、まだ発達途中の子どもにとっても、本を読むのはむずかしいでしょう。

読書バリアフリー法とは?

「バリアフリー」のバリアは「障壁」、フリーは言葉のあとについてそれがない状態をあらわす言葉。つまり、バリアフリーは、「障壁がない」という意味です。プリント・ディスアビリティのある人が本を読むことに対する障壁を取りのぞくための法律が、「読書バリアフリー法」です。

「本の飢餓」の解消をめざして

人が生きていくうえで、本は必要不可欠なものです。しかし、プリント・ディスアビリティをかかえた人にとっては、本を読みたくても読める本が少なく、入手もしにくい現状があります。

そのような、障害者が利用可能な本が手に入りにくい状況のことを、「本の飢餓」といいます。

プリント・ディスアビリティの人にとっての「本の飢餓」の解消に向けて期待されているのが、2019年に制定された「読書バリアフリー法」です。

マラケシュ条約と読書バリアフリー法

読書バリアフリー法が制定されるきっかけとなったのは、2013年に国連の専門機関である世界知的所有権機関（WIPO）で採択された「マラケシュ条約」です。この条約は、視覚障害者などが著作物（本など）を利用しやすくする環境の整備をうながすものです。

日本でも、マラケシュ条約に加盟するため、著作権法などの改正を進め、2018年に条約を批准、2019年の読書バリアフリー法の制定につながりました。

◆ 読書バリアフリー法制定までの流れ

2006年	国連総会で「障害者の権利に関する条約」が採択
2013年	WIPOで「マラケシュ条約」が採択 日本の国会で「障害者差別解消法」が成立（施行は2016年）
2014年	「障害者の権利に関する条約」が日本で批准
2015年	日本図書館協会が「図書館利用における障害者差別の解消に関する宣言」を発表
2016年	「障害者差別解消法」が施行（行政機関に、障害者に対する「合理的配慮」の提供を義務化）
2018年	「著作権法の一部を改正する法律」が成立 「マラケシュ条約」が日本で批准
2019年	「読書バリアフリー法」制定・施行

読書バリアフリー法が求めていること

読書バリアフリー法は18条からなる法律で、「視覚障害者等の読書環境の整備を総合的かつ計画的に推進し、もって障害の有無にかかわらず全ての国民が等しく読書を通じて文字・活字文化の恵沢を享受することができる社会の実現に寄与すること」を目的とし、国や自治体をはじめ、出版社、図書館などが連携して、障害のある人でも読みやすい本や電子書籍などを増やし、それを入手（借りる・買う）しやすい環境づくりを進めることを規定しています。

具体的には、図書館にバリアフリー図書を置いて利用しやすくする、出版社がバリアフリー図書を制作する団体へデータの提供などを行う、本の電子化を進める、などが求められています。

いろいろなバリアフリー図書①

点字図書・点字絵本

『白鳥とコウモリ』
東野 圭吾 著
（原本は幻冬舎）

（日本点字図書館蔵）

！ 点字のでこぼこをさわると読める

紙の裏表に
点字を打っているので、
裏の点字の部分が
へこんでいるんだ

2021年に発刊された東野圭吾さん作のミステリー小説。単行本の原本をもとに点字化されています。

10

点字ってなに？

　点字とは、文字を点の組み合わせで表現する表音文字です。紙などに点の部分が浮き出るように印刷し、その浮き出た点を指でさわって読み取ります。点字は1文字をたて3点、横2点の6点で表現し（下の図）、横書きで、左から右へ読みます。

　現在使われている点字は、1825年にフランス・パリの盲学校の生徒だったルイ・ブライユが考案したものです。日本では1890年に、教師の石川倉次の案が採用されました。

◆ 点字（一部）

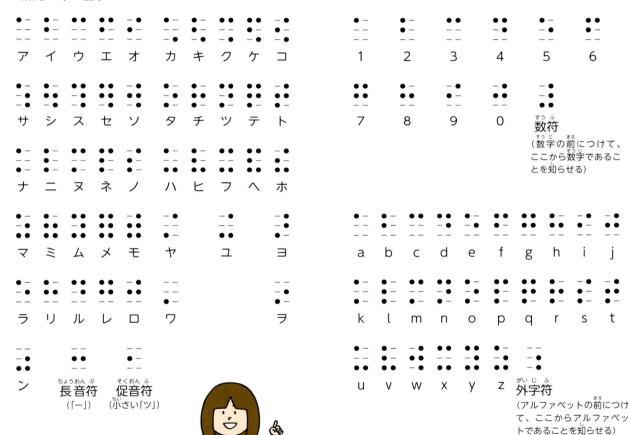

なんて読むかわかるかな？

答え：オハヨー（音を伸ばすときの「ウ」は長音符を使います）

絵本を点字であらわす

点字にできるのは文字だけですが、絵や図のりんかくなどをもり上げて、指でさわってわかるようにする「触図」という技術を使うことで、さわってわかる点字絵本をつくることができます。

市販されている点字絵本には、点字と触図を印刷したとうめいなフィルムを紙面にはりつけたものや、印刷したところがもり上がる特殊なインクを使ったものがあります。

『てんじつき さわるえほん ノンタン じどうしゃ ぶっぶー』

キヨノ サチコ 作・絵（偕成社）

1976年に第1作が出版され、30作以上刊行された人気絵本シリーズの点字版。特殊なインクでもり上げたところを指でさわって読みます。

! 文章は点字で、絵はもり上げて表現している

目の不自由な人に実際にさわってもらって、絵のかたちや位置を調整しているんだって

だから、もとの絵と点字や触図がずれたりしているんだね

いろいろな点字図書

読みものの本や絵本のほかにも、さまざまな本が点字図書になっています。

点字教科書『算数5-3』
（東京ヘレン・ケラー協会）

小学5年生の算数の教科書の点字版です。文字と数式は点字で、図形は点でつくる触図（点図）であらわしています。

! **図形の問題も点字や点図であらわしている**

点字新聞『点字毎日』
（毎日新聞社）

健常者も読める活字版や音声版もあるんだって！

1922年に創刊され、100年以上の歴史がある点字新聞です。週1回発行で、目の不自由な人に役立つ、福祉、教育、文化、生活などの記事を掲載しています。

点字図書のできるまで

　点字図書をつくるときは、原本を点訳し、点字印刷機をつかって印刷します。点訳は人の手で1文字1文字、点字にしていく方法と、文字のテキストデータをもとにコンピュータで点訳する方法があります。

　亜鉛という金属でできた板を製版機で2つ折りにして点字を打ち、その板に紙をはさんで点字印刷機に通して印刷します。近年は、紙に直接、点字が印刷できる点字プリンターを使うこともあります。

1 点訳
もとになる活字を点字に変換（点訳）します。近年はコンピュータを使うことが多くなっています。

2 製版
製版機とよばれる専用の機械で、点訳した点字を亜鉛の板に打ちます。

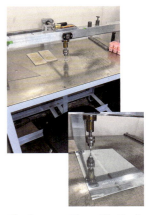

点図は1点1点手作業で打ちます。

3 校正
点字にまちがいがないか、ためしに印刷したものを実際にさわって、読み上げながらチェックします。

4 印刷・製本
2つ折りの板のあいだに紙をはさみ、ローラーに通して、紙に点字の型を押しつけます。できた点字の紙を1冊になるようにとじて完成です。

ここにローラーが入っている

これは算数の面積を求める問題で使う琵琶湖の点図だって

制作者に聞いてみよう

社会福祉法人東京ヘレン・ケラー協会 点字出版所
製版課 佐久間 朋さん

Q. 点字図書をいつからつくっていますか?

1948年のヘレン・ケラー*の来日に合わせて、新聞社が組織した委員会が当協会の母体です。1968年に点字出版局として活動をはじめ、月刊誌『点字ジャーナル』の発行や、小中学校の教科書の点訳を50年以上続けています。

点字教科書は、みなさんが使う教科書を点訳したもので、中身は同じです。でも、文字の大きさを変えにくい、図と文字を一緒にするのがむずかしいなどの理由で、どうしても分量が多くなります。5年生の算数で11冊にもなります。

Q. 点字図書づくりでむずかしいところはどこですか?

図やイラストですね。たとえば、教科書では図形や地図も点でつくります。六角形や八角形などは円とのちがいをはっきり出さなければいけませんし、角度も厳密にしなければいけません。

正確さも大事ですが、指でさわってわかるようにしないといけないので、つくり慣れた職人の技が重要な仕事です。

Q. 読者のみなさんへメッセージをお願いします。

点字はたった6つの点だけで表現されています。点字を知らない人が見ても、なにが書いてあるかわかりませんが、法則を知ればおもしろさを感じると思います。
点字は、エレベータや駅、町の案内板など、身近なところにたくさんあります。また、図書館に行けば、点字図書がたくさん置いてあります。みなさんも、点字を見つけたら、よく見て、そしてさわってみてください。
世の中には、いろいろな人がいて、いろいろなものがあります。それぞれのちがいを知り、体験することが大事だと思います。

---

*ヘレン・ケラー（1880～1968）：アメリカの福祉活動家。幼いころに病気が原因で視力と聴力を失うものの、克服して大学を卒業。世界各地を訪ねて、障害者の教育や福祉の向上につとめた。

いろいろなバリアフリー図書②
大活字本

『大活字本シリーズ
コナン・ドイル⑦ 最後の挨拶』

アーサー・コナン・ドイル 著
（三和書籍）

! ルビ（ふりがな）も大きくなっている

原寸大

! 文字の大きさは約18ポイント（約6.3mm角）

コナン・ドイルの推理小説「シャーロック・ホームズ」シリーズのうち、6編をおさめた本。文字を大きくするだけでなく、すべての漢字にふりがなをつけ、絵を入れるなどして読みやすくしています。

1ページに入る文字が少ないので、全部で464ページとぶあつくなるんだね

大活字本ってなに？

小さな文字が読みにくいという人のためにつくられた、文字を大きくした本を「大活字本」といいます。活字とは、印刷された手書きではない文字のことで、明朝体やゴシック体などのさまざまな字形（書体）があります。

文字をどこまで大きくすれば大活字本とよぶのか、という決まりはありませんが、一般的な文庫本の1文字の大きさが8〜9ポイント（1ポイント＝約0.35mm角）程度なのに対し、大活字本のものは14〜22ポイントです。

本の発行元によって、字の大きさはちがうんだね

原寸大

! 文字の大きさは約14ポイント（約4.9mm角）

『デカ文字文庫 源氏物語（八）』
紫式部 著、
與謝野 晶子 訳
（舵社）

平安時代中ごろに記された、現存する日本最古の長編小説を、明治〜昭和時代の歌人・與謝野（与謝野）晶子が現代語に訳した本。

大活字本の歴史

アメリカなどでは、20世紀のはじめごろから大活字本が発刊されていました。日本では、1960年代の終わりごろに、「拡大写本」の制作がはじまります。拡大写本は、通常の活字の本をもとに、ボランティアの人が1文字1文字大きく書き写したり、コンピュータで文字を拡大したりしてつくられます。

活字を使って制作し書店に流通した最初の「大活字本」は、1978年に発刊された『星の王子さま』といわれています。その後、多くの福祉団体や出版社が大活字本の出版をはじめ、その数はどんどん増えています。

明治〜昭和時代の詩人・童話作家である宮沢賢治の代表作の一つ『銀河鉄道の夜』ともう1作が大活字で収録されています。

! 活字の書体は見やすいゴシック体

原寸大 ジョバンニは向きました、黒い大きな目

! 文字の大きさは約18ポイント（約6.3mm角）

『宮沢賢治大活字本シリーズ①　銀河鉄道の夜』
宮沢 賢治 著（三和書籍）

明朝体はたての線と横の線で太さがちがうので、見づらいこともあるよ

明朝体	ゴシック体
書	書
細いところが見づらい	同じ太さなので見やすい

制作者に聞いてみよう

三和書籍 編集部　小玉 瞭平さん

Q. 大活字本をつくることになったきっかけはなんですか？

「読書バリアフリー法」がきっかけです。しかし、大活字本はあまり知られていない存在ですから、知らない人にも手に取ってもらえる工夫が必要でした。1人の作家を7巻セットにして、各巻に1色ずつはなやかな色合いのカバーをつけました。また、すべての漢字にふりがなをふって読みやすくしています。ただ、人名や地名などは要注意で、「どれが正しい読み方か」「時代を考えたときにどう読むべきか」を調べ、決めるのがとても大変でした。

Q. どうやってつくっているのですか？

まず、全国の図書館へのアンケート調査や人気ランキングなどを参考にして、作家を選びます。次に、「どの作品にするか」を考えます。人気作だけでなく、あまり知られていない作品も入れて、いろいろな人が幅広く楽しめるように7巻分の作品を選びます。作品が決まったら、原稿を用意して、ふりがなをつける作業をして……と、1巻あたり3か月くらいかけて制作します。

Q. この仕事をしていて、うれしかったことを教えてください。

目が不自由、文字が小さくて読めない、読めない字がある……世の中には、さまざまな理由で本を読みたくても読めない人がいます。そんな人たちに大活字本が届き、「読みやすい」と感じてもらえるのが一番うれしいことです。

これからも、点字図書や電子書籍での読み上げ機能の充実など、いろいろ挑戦していきたいですね。今はいろいろな形の本がありますので、読みやすい、楽しいと思った本があったら、ぜひお友だちにすすめてみてください。

つくり方でちがう大活字本

大活字本には、つくり方がいくつかあります。「拡大写本」のように手作業でつくるものや、文字データ（テキストデータ）をもとにコンピュータを使って大きな文字で新たに組版（レイアウト）をするもの、もとの本を大きく拡大してつくるものなどです。

新たに組版をする場合は、漢字にふりがなをつけたり、行間（行と行とのあいだ）を広げたりするなど、より読みやすくする工夫ができますが、発刊までに時間がかかります。
一方、もとの本を大きく拡大する場合は、手間が少なく、短い期間で発刊ができます。

文庫版とくらべて
約1.2倍まで大きくしている

文庫版

大活字版

「お経」とは、仏教の教えをまとめたものです。文庫本として発刊された本をそのまま拡大しています。

『よくわかる
お経読本
大活字版』
瓜生 中著
(KADOKAWA)

小さい文字が読みづらくなる
お年より向けにつくられたんだって

制作者に聞いてみよう

株式会社KADOKAWA 出版事業グループ
教養・生活文化局 教育編集部
兼 辞書オペレーション課　大林 哲也さん

Q. 大活字本をつくることになったきっかけはなんですか？

　私が大活字本にたずさわったのは、2018年ごろです。当時は文庫本を担当していましたが、年齢とともに文庫本の小さな文字が見えにくくなってきました。それで、「お年よりはもっと読みにくいだろうし、目の不自由な人なら年齢に関係なくつらいだろう」と思ったのが取り組むきっかけになりました。

Q. どのような本をつくったのですか？

　私が作った『よくわかるお経読本 大活字版』は、もともと文庫本で発刊していたものです。お経はお寺のお坊さんが唱えるもので、あまりなじみはないかもしれませんが、書かれている意味を知ると、とてもおもしろいんですよ。
　これらは信心深い方やお年よりに人気の分野なので、私の最初の大活字本として選びました。おかげさまで人気の本となりました。

Q. 読者のみなさんへメッセージをお願いします。

　世の中には、いろいろな人や考え方があります。だから「これはこうだ」と決めつけないでほしいのです。人それぞれで「ふつう」の基準がちがいます。そのちがいを認め合うことが大切です。
　本にも、紙の本、電子書籍、オーディオブックなど、いろいろな種類があります。読書のやり方もちがってよいのです。そのちがいを知り、体感できると、おもしろいかもしれませんよ。

いろいろなバリアフリー図書❸
布の絵本

『かくれんぼ』
池上 従子 原作
よこはま布えほんぐるーぷ 制作

ファスナーを開くと、動物が出てくる

おや？
かばんが うごいたよ

実際にカーテンを開くこともできるんだね

動物たちがかくれんぼをするというお話。かばんの中や、カーテンの裏などにかくれた動物たちをいっしょに探して遊べる絵本です。

布の絵本ってなに？

印刷された紙の絵本とはちがい、帆布などの厚手の生地をベースに、別の布やフェルト、ししゅうなどを使って絵を表現したものを「布の絵本」といいます。

さわって楽しむだけでなく、ボタンやひも、ファスナー、面ファスナーなどを使って、はめる、はずす、ひっぱる、むすぶなどの動作をとおして学習できます。絵本におもちゃの楽しさを加えた「遊ぶ絵本」として、だれでも楽しむことができます。

くつひもやリボンなどをむすぶ練習ができる絵本。フェルトでつくったくつや本物のひもなどをぬいつけています。

！ ひもをむすんだり、ほどいたりできる

『むすぶ』
池上 従子 原作
よこはま布えほんぐるーぷ 制作

お弁当をつつむふろしきなども出てくるよ！

布の絵本の歴史

　布の絵本は、もともと目の不自由な子どもがさわってわかる絵本としてつくられたといわれています。その後、障害のある子どもにもそうでない子どもにも絵本を楽しんでもらえるように、さまざまな工夫をほどこした絵本が生まれました。

　日本では、1975年に「ふきのとう文庫」（北海道札幌市）が、アメリカでつくられた布の絵本「BUSY BOOK」をもとに制作したのがはじまりとされています。

『たのしいどうぶつえん』
池上 従子 原作
よこはま布えほんぐるーぷ 制作

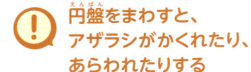

円盤をまわすと、アザラシがかくれたり、あらわれたりする

まわす

動物園にいる動物たちとふれあう気分を楽しめる絵本です。ボタンをはずしたり、円盤をまわしたり、ひもを引っぱったりできるなど、さまざまなしかけがほどこされています。

ひもを引っぱったり、ボタンをはずしたりするしかけもあるよ

制作者に聞いてみよう

よこはま布えほんぐるーぷ　松村 治美さん

Q. 布の絵本をつくるようになったきっかけはなんですか?

当グループの初代代表・池上従子さんが、絵本作家の長崎源之助さんから「障害のある子どもたちにも絵本を楽しんでもらいたいので、さわってわかる絵本をつくってほしい」とたのまれたのがきっかけだそうです。私が参加したのは30年近く前のことです。私の子どもは未熟児で、発達障害の訓練の中で布の絵本に出あいました。そこで、子どもが気に入ってくれたのがきっかけです。

Q. つくるのに苦労するところはどこですか?

布の絵本を1冊つくるのに、だいたい2～3か月かかります。本の土台をつくる人、キャラクターをつくる人、文字を書く人など、ボランティアのみなさんで分担しています。

一番たいへんなのは、材料の調達です。むかしよりも布の種類が減っていて、とくに私たちが使う帆布は、カラフルな色がそろわなくなっています。イメージに合うものを探すのがむずかしいですね。

Q. 布の絵本をつくってきて、うれしかったことはなんですか?

私たちの布の絵本は、貸し出しをしていますが、小さな子どもたちが布の絵本を手に取り、楽しそうに笑う顔を見る、あるいはお母さまから「こんなふうに楽しんでいました」とお聞きする時間が、とてもうれしい瞬間です。

だからみなさんも、布の絵本を手に取ってみて、感じたことを小さな子どもたちへ伝えてあげてください。そして、その子がつぎの子に……そうやって「思い」がつながっていくのが、一番大事だと思います。

布の絵本はどうやってつくるの？

1 お話を考える

すでにある絵本をもとにする場合と、まったく新しいお話をつくる場合があります。新しいお話の場合は、まずお話を考えます。そして、それぞれのページになにを置くかなどを考えて、あらかじめ紙に描きます。

2 材料・道具をそろえる

ベースになる帆布などの厚手の布、ぬいつけるフェルトや別の布、ハサミ、針と糸、チャコペン、本をとじるハトメやリングなど（必要に応じてファスナー、ひも、ボタン、接着剤など）を用意します。

3 型紙をつくる

動物や食べもの、乗りものなど、絵本にぬいつけるパーツの形を厚紙に描いて切り抜き、型紙をつくります。

ひもをむすぶとか、ファスナーをつけるとかのしかけも考えるんだって

4 型紙に合わせて布を切る

フェルトなどに型紙を置いて、チャコペンなどで形をうつし、その形に合わせて布を切ります。

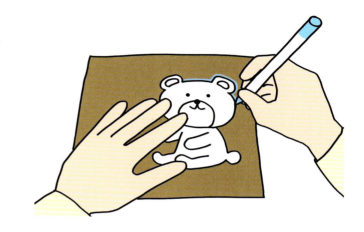

5 土台にぬいつける

切り抜いたパーツを、土台の布に針と糸を使ってぬいつけます。パーツを取りはずしできるように、面ファスナーを使うこともあります。

6 本の形にする

3～5をくり返してすべてのページをつくったら、とめる場所に穴を開けてハトメを打ちつけ、リングやりぼんなどでまとめて、できあがり！

一つひとつの作業を
ていねいに進めることが
大事だよ

インタビュー

目の不自由な人と読書

プリント・ディスアビリティのある人は、どうやって本を選び、手に入れ、読んでいるのでしょうか？
この本では目の不自由な2人の方にお話をうかがいました。

幼いころから点字で読書
今は音声での読書に夢中

視覚障害研修講師　西田 梓さん

点字図書から音声による読書へ

　私は、幼いころから点字の本に親しんでいました。大学を出て最初に就職したのも点字図書館で、3年ほどつとめました。もちろん、読む本は点字図書で、高校生のころに出あった村山由佳さんの作品は、大のお気に入りです。点字図書で作品が出ると、図書館などで借りて読んでいたので、点訳された作品もふくめてほとんど読んでいると思います。なかでも『すべての雲は銀の…Silver Lining』は、何度も読み返しました。また、三谷幸喜さんの『三谷幸喜のありふれた生活』シリーズも、新刊が出るたびに読んでいます。

　私は点字に慣れていますので、健常者の読書くらいの速度で点字が読めます。ですから、音声での読書は「きちんと理解できるのか」と不安で、手を出そうとは思っていませんでした。ところが、結婚をして、中途失明*の夫が音声で読書をしている姿を見て、自分もためしてみたところ、すっかりはまってしまい、今では音声が中心の読書となりました。

*中途失明：病気やけがなどが原因で、人生の途中で失明し、視覚障害になること。

絶妙な読み方は、まさにプロ

私がいつも使っているのは、スマートフォンでDAISY図書（第2巻参照）を再生できる専用のアプリです。速度調節ができますし、点字図書のようにかさばらないため、移動中でも読めます。

その音声は絶妙な抑揚で、極端な感情表現はなく、朗読でもなく、自動音声のような冷たさもありません。ちょうどよく心に響く読み方なのです。

しかし、今はプロの読み手が少なくなっているそうです。将来、音声読書がどうなってしまうのか、少し不安です。

西田さんはふだん、スマートフォンを使って、音声で本を楽しんでいます

いろいろな読書があっていい

ほかにも、電子書籍の読み上げ機能も利用しています。電子書籍では点訳や録音されるのを待つ必要がなく、「発売日に読める」という大きなメリットがあります。また、声優さんが読んでくれる本もあるので、ファンの方にはおすすめです。

現在は紙とちがう本がたくさんあり、自分に合わせて好きな形の読書ができる時代になりました。本当にうれしいことです。みなさんも紙とちがう本に出あったら、ぜひためしてみてください。新しい発見、新しい世界が広がっているかもしれませんよ。

スマートフォンでのメールのやりとりも音声を使ってできます

プロフィール
生まれつき全盲で、研修講師としての活動や講演会、SNS、公式サイトなどで情報を発信している。著書に『いまのあなたで大丈夫！全盲ママが伝える 繋がる子育ての魅力』（まんがびと）がある。
公式サイト　https://www.azusanishida.net/

インタビュー

文字が苦手な人も情報の入手に困らないために

一般社団法人 With Blind　國宗 陽介さん

月に4〜5冊は本を読む

情報を入手するために、視覚障害者も本を読みます。大活字本や点字図書、電子書籍の読み上げ機能やオーディオブックなど、いろいろな種類の本があるので、それらを自分に合わせて選びます。私の場合は、本を読み上げる専用の機械で読むことが多いですね。

私は本が大好きで、月に4〜5冊は読んでいます。特に森沢明夫さんの作品は愛読していて、映画化もされた『夏美のホタル』は何度も読みました。今は小説よりも、情報収集をかねてビジネス書や専門書を読む機会が多いです。

本を選ぶときは、インターネットやテレビのランキング情報、新聞や雑誌の書評などを参考にしています。点字図書やオーディオブックがないものも多く、活字の本を買って、点訳や音声化をしてもらうこともあります。

書店で、新しい本を探すこともあります。本はインターネットよりも正確な情報を得やすく、重要な知識の源だと思います。

目の不自由な人の学びを支える

私は、視覚障害者が情報へアクセスしづらい環境を変えたくて、「With Blind」という非営利の団体を立ち上げました。目の不自由な人でも楽しめるレストランやアミューズメント施設、役立つアプリやウェブサイト、子育てや就職などの情報をブログなどで紹介しています。

目の不自由な子どもが使える教材や参考書が少ないので、オンラインスクールも立ち上げました。パソコンやスマートフォンの使い方、学校の勉強、運動、囲碁や将棋などの趣味の講座も用意して、学びを支えています。

プロフィール
病気がもとで中学生から視力の低下がはじまる。大学卒業後、民間企業を経て市役所へ転職。視覚障害者支援のために「With Blind」を立ち上げる。

文字を音声や点字に変換できる「音声点字携帯情報端末」（第3巻参照）を使って読書をする國宗さん

さくいん

あ行

アーレンシンドローム	5, 6
石川倉次	11
オーディオブック	21, 30
お年より	7, 20, 21
音声点字携帯情報端末	30

か行

外国にルーツがある人	7
拡大写本	18, 20
活字	14, 17, 18, 30
眼瞼下垂	7
国連総会	9
ゴシック体	17, 18
子ども	7, 24, 25, 30

さ行

視覚障害（者）	4, 9, 28, 30
色覚多様性	6
弱視	4
視野障害	4
羞明	4, 5
障害者差別解消法	9
障害者の権利に関する条約	9
触図	12, 13
書体	17, 18
身体障害	7
製版（機）	14
世界知的所有権機関（WIPO）	9
全盲	4, 29

た行

大活字本	16, 17, 18, 19, 20, 21, 30
中途失明	28
著作権法	9

DAISY 図書 ほか

DAISY 図書	29
ディスレクシア	6
点字	10, 11, 12, 13, 14, 15, 28, 30
点字印刷機	14
点字絵本	10, 12
点字教科書	13, 15
電子書籍	9, 19, 21, 29, 30
点字新聞	13
点字図書	10, 13, 14, 15, 19, 28, 29, 30
点図	13, 14
点訳	14, 15, 28, 29, 30
読書バリアフリー法	8, 9, 19

な行

日本図書館協会	9
布の絵本	22, 23, 24, 25, 26
脳性まひ	7

は行

発達障害	6, 25
バリアフリー図書	9, 10, 16, 22
BUSY BOOK	24
ふきのとう文庫	24
複視	4
プリント・ディスアビリティ	4, 7, 8, 28
ヘレン・ケラー	15
本の飢餓	8

ま行

マラケシュ条約	9
明朝体	17, 18

ら行

ルイ・ブライユ	11
ロービジョン	4

監修◆白坂 洋一（しらさか・よういち）

1977 年鹿児島県生まれ。鹿児島県公立小学校教諭を経て、筑波大学附属小学校国語科教諭。『例解学習漢字辞典』（小学館）編集委員、『例解学習ことわざ辞典』（小学館）監修、全国国語授業研究会副会長、「子どもの論理」で創る国語授業研究会会長。おもな著書に『子どもを読書好きにするために親ができること』（小学館）、『「学びがい」のある学級』（東洋館出版社）等。

◆ **取材協力**：社会福祉法人東京ヘレン・ケラー協会、三和書籍、株式会社KADOKAWA、
　　　　　　　よこはま布えほんぐるーぷ、西田 梓、國宗 陽介

◆ **資料・画像提供**：社会福祉法人日本点字図書館、株式会社偕成社、毎日新聞社、株式会社舵社

◆ **おもな参考資料**：『読書バリアフリーの世界 大活字本と電子書籍の普及と活用』野口 武悟・著（三和書籍）
　　『改訂 図書館のアクセシビリティ「合理的配慮」の提供へ向けて』野口 武悟、植村 八潮・編著（樹村房）
　　（ホームページ）文部科学省、厚生労働省、独立行政法人日本学生支援機構、
　　国立研究開発法人国立成育医療研究センター、公益社団法人日本図書館協会、社会福祉法人日本点字図書館、
　　バリアフリー絵本研究会

◆ **イラスト**：伊藤 美樹
◆ **撮影**：鈴木 智博、編集部
◆ **取材・執筆**：加藤 達也、編集部
◆ **ブックデザイン**：村田 沙奈（株式会社ワード）
◆ **制作協力**：株式会社ワード

だれもが「本を読める」社会へ
読書バリアフリー
❶点字図書、大活字本、布の絵本 ほか

2024年8月　初版第1刷発行
2025年4月　初版第2刷発行

監修者　白坂 洋一
発行者　三谷 光
発行所　株式会社汐文社
　　　　〒 102-0071　東京都千代田区富士見 1-6-1
　　　　電話 03-6862-5200　ファックス 03-6862-5202
　　　　URL https://www.choubunsha.com
印　刷　新星社西川印刷株式会社
製　本　東京美術紙工協業組合

ISBN978-4-8113-3156-0

乱丁・落丁本はお取り替えいたします。
ご意見・ご感想は read@choubunsha.com までお寄せください。